Petite histoire du
règne de LOUIS XIV
Dialogue autour de l' « absolutisme »

Chez le même éditeur

Collection « Au Temps Jadis »

Fêtes populaires d'autrefois : *les réjouissances de nos aïeux*, 2013

Histoire pittoresque des métiers *(tome 1)*, 2013

200 jeux de notre enfance *en plein air et à la maison*, 2014

La publicité d'antan s'affiche *(tome 1) : la réclame d'autrefois à travers les affiches publicitaires*, 2014

La publicité d'antan s'affiche *(tome 2) : la réclame d'autrefois à travers les affiches publicitaires*, 2014

Histoire de France : *l'indispensable pour devenir incollable*, 2015

Grandes légendes de France *(tome 1) : 10 récits merveilleux de nos aïeux*, 2015

Nos 500 expressions et proverbes les plus pittoresques : la quintessence de la sapience, *2015*

Si la France m'était contée... *(volume 1) : voyage encyclopédique au cœur de la France d'autrefois*. Nouvelle édition, recomposée et enrichie, des numéros 1 et 2 (parus en 2002) du périodique *La France pittoresque*, 2015

Si la France m'était contée... *(volume 2) : voyage encyclopédique au cœur de la France d'autrefois*. Nouvelle édition, recomposée et enrichie, des numéros 3 et 4 (parus en 2002) du périodique *La France pittoresque*, 2015

Si la France m'était contée... *(volume 3) : voyage encyclopédique au cœur de la France d'autrefois*. Nouvelle édition, recomposée et enrichie, des numéros 5 et 6 (parus en 2003) du périodique *La France pittoresque*, 2016

L'encyclopédie du temps jadis *: collection des 40 numéros parus entre 2003 et 2014 de la publication* La France pittoresque

Collection « Figures de France »

Si Jeanne d'Arc m'était contée... *: savoir l'essentiel sur la Pucelle*, 2015

Si Louis XI m'était conté..., à paraître

Collection « Questions Historiques »

Petits mensonges historiques *: enquête sur des mots historiques célèbres mais jamais prononcés*, 2012

La Bastille : prisonnière séculaire des mensonges révolutionnaires, *2015*

Petite histoire de la féodalité : mémento démêlant le vrai du faux, *2015*

Collection « Nos Villes et Villages Pittoresques »

Une saison d'été à Biarritz : *Biarritz autrefois, Biarritz aujourd'hui*, 2014

Petite histoire du
règne de LOUIS XIV

Dialogue autour de l' « absolutisme »

La France pittoresque

LA FRANCE PITTORESQUE
COLLECTION « Questions historiques »
Dirigée par Valéry Vigan

© La France pittoresque, 2015

Illustration de couverture : *Louis XIV à cheval devant le siège d'une ville*, par René-Antoine Houasse (1679)
Site Internet : www.france-pittoresque.com
Mail : info@france-pittoresque.com

Louis XIV vêtu à la romaine, couronné par la Victoire avec la ville de Maastricht en arrière-plan, par Pierre Mignard (1673)

« Qu'est-ce que l'état de roi ? Le droit de gouverner. Qu'est-ce que l'état de sujet ? Le droit d'être gouverné. Un sujet a droit d'être gouverné, comme un enfant à être nourri. C'est dans ce sens que les peuples ont des droits, et les rois des devoirs. »

(Louis de Bonald, *Pensées sur divers sujets*, 1817)

États généraux de 1614

CHAPITRE I

XVIIe siècle : un désir de monarchie absolue

Un siècle avant la mort de Louis XIV s'ouvraient en 1614, sous le règne de Louis XIII, les États généraux, événement considérable qui allait ouvrir les temps nouveaux ; le début en fut solennel et plein d'espérance, nous explique Charles Barthélemy dans ses *Erreurs et mensonges historiques* (Tome 7). Tout se précipitait vers le trône, tout, le Tiers-état en particulier ; selon lui, plus la royauté serait puissante, indépendante, absolue, plus le peuple se croirait assuré de la liberté. Et c'est ainsi qu'au nom du Tiers-état, le prévôt des marchands, Miron, disait au roi, après un tableau des désordres et des malheurs du pays :

« Nous sommes ici assemblés, Sire, pour recevoir le remède de Votre Majesté ; ce remède est demandé par tous ; aussi sommes-nous tous obligés d'y porter la main, puisqu'il ne dépend aucunement de nous-mêmes. Vous nous commandez, Sire, d'en faire la recherche de notre part et nous promettez d'y contribuer de la vôtre : cette parole nous donne toute espérance que l'effet s'ensuivra aussi heureux, qu'en ce commencement vous avez pris l'exemple du roi saint Louis, votre grand-aïeul, lequel, environ l'an 1227, approchant votre âge, tint au semblable ses États à Paris, avec l'assistance de cette grande et vertueuse princesse, la reine Blanche, sa mère, et par ce moyen pourvut aux affaires de son royaume, en telle sorte que sa maison fut toujours depuis un séminaire de vertus et son règne fut couronné d'une fin très heureuse. »

Et le Tiers ajoutait, par la voix de Miron, son organe d'autorité : « Que l'autorité du roi soit et *demeure absolue* sur tous ses sujets, de quelque profession qu'ils soient, et soit tenu pour loi fondamentale du royaume que la personne du roi est sainte et inviolable, auquel est due toute obéissance et fidélité ; sans qu'il soit loisible à aucun de ses sujets, de quelque qualité et condition qu'il soit, ecclésiastique ou séculier, de s'en exempter sous quelque prétexte ou dispense que ce puisse être, et toutes doctrines contraires tenues pour abusives, hérétiques, scandaleuses et damnables. »

C'était le Tiers-état qui parlait ainsi, et son initiative énergique dans la proclamation pleine et entière du pouvoir absolu explique la politique du XVIIe siècle. De l'affermissement inusité de la puissance du souverain, la France attendait ce que Richelieu, alors évêque de Luçon et membre des États généraux, expose fort bien dans le discours de clôture qu'il prononça pour le clergé en la salle du Petit Bourbon en février 1615 :

« Votre Majesté faisant régulièrement exécuter ce qui a été saintement ordonné par ses prédécesseurs, les surpassera d'autant en ce point que les effets surmontent les paroles et l'exécution des choses bonnes la proposition qui s'en est faite. Et, qui plus est, elle remettra par ce moyen tous les ordres de ce royaume, puisque le rétablissement des monarchies dépend de l'observation et accomplissement des lois.

« Que si on en vient là, toutes choses se feront avec poids et juste mesure : on verra le signe de la raison puissamment établi ; la justice recouvrera l'intégrité qui lui est due ; les dictatures ne seront plus perpétuelles en des familles ; les états héréditaires, par cette invention pernicieuse du droit ancien ; la vénalité des offices, qui en rend l'administration vénale, et que l'antiquité a remarquée pour signe de décadence et chute des empires, sera abolie selon nos désirs ; les charges supernuméraires supprimées, le mérite aura prix, et, si la faveur a quelque cours, ce ne sera plus au préjudice de la vertu ; le mal recevant punition, le bien ne sera pas sans récompense. Les lettres et les arts fleuriront. Les finances, vrais nerfs de l'État, seront ménagées avec épargne ; les dépenses retranchées, les pensions réduites.

« La religion fleurira de nouveau, par la résidence de ceux qui sont obligés d'en instruire les peuples, étant à l'avenir aussi soigneux de paître de leurs propres mains les âmes qui leur sont commises qu'ils l'ont négligé par le passé, au préjudice de leur propre conscience et à leur honte. L'Église reprendra son lustre, étant rétablie en son autorité, ses biens et ses honneurs ; les simonies, les confidences, toutes saletés et tous vices en seront bannis, et la seule vertu y aura son règne.

Le cardinal de Richelieu (1585-1642)

« La Noblesse rentrera en jouissance des prérogatives et des honneurs qu'elle s'est acquis par ses services ; les duels étant abolis, son sang, qu'elle est toujours prête de répandre pour le service de son Dieu, de son roi et de son pays, sera épargné, et par ce moyen son salut facilité. Le peuple sera délivré des oppressions qu'il souffre par la corruption de quelques officiers, préservé des outrages qu'il reçoit de plus puissants que lui et soulagé en ses impôts, à mesure que les nécessités de l'État le pourront permettre. En un mot, toute la France sera remise au meilleur état où nos vœux la puissent porter, et, ce qui est à noter, avec tant de facilité, que je puis dire sa réformation autant aisée qu'elle est juste, nécessaire et pleine de gloire pour Sa Majesté. »

Miron, à son tour, le libre et éloquent orateur du Tiers-état, reprenait sa théorie de la puissance royale, et exposait un plan magnifique et pratique en même temps de politique royale ; après avoir passé en revue l'Église et la noblesse, et signalé les abus qui avaient affaibli l'influence de ces deux principales classes de la nation, il plaidait contre les gens de justice et les gens de guerre la cause du peuple avec une véritable effusion de liberté et de tendresse.

« Qui pourvoira donc à ces désordres, Sire ? s'écriait Miron en terminant son discours. Il faut que ce soit vous. C'est un *coup de majesté* ; vous avez moyen de le faire ; votre pauvre peuple, qui n'a plus que la peau sur les os, qui se présente devant vous tout abattu, sans force, ayant plutôt l'image de mort que d'hommes, vous en supplie au nom de Dieu éternel qui vous a fait régner, qui vous a fait homme pour avoir pitié des hommes, qui vous a fait père de votre peuple, pour avoir compassion de vos enfants. » Miron, enfin, au nom du Tiers-état, exposait les moyens de réforme qui s'offraient au monarque ; il voulait surtout convaincre la royauté de sa puissance pour faire le bien que le peuple en attendait si ardemment. « C'est le plus sûr moyen, disait-il, pour réunir tant de têtes avec une seule tête, et ranger doucement sous quelque joug commun d'obéissance cette grande multitude inquiétée, désunie et turbulente ; ainsi l'espérons-nous, Sire, et que Votre Majesté *se laissera doucement forcer* par nos persuasions à l'entérinement de nos justes requêtes. Car, comme en la principauté c'est un grand bonheur de n'être point contraint, aussi est-il très misérable de ne se point laisser persuader. »

C'était un immense service qu'on demandait à la maison de France, mais aussi une grande responsabilité dont on lui infligeait le lourd fardeau ; aussi l'assurait-on d'une obéissance et d'un dévouement à toute épreuve. La royauté, pour obéir au vœu du peuple, dut être absolue. Le génie de Richelieu, principal ministre de Louis XIII, changea, au gré et au profit des masses nationales, toutes les lois connues de la monarchie ; il fut vraiment le ministre du peuple. Louis XIV, comme son père, ne fit que recevoir et exercer le pouvoir tel que l'avaient voulu les États généraux et les notables, et tel que Richelieu en avait disposé le mécanisme. La Fronde ne fut si impopulaire dans le Tiers-état que parce qu'elle était une réaction vers un ordre de choses dont l'évolution de 1618 avait complètement fait justice. Le règne de Louis XIV fut le règne du Tiers-état, mais du Tiers-état tel qu'il était alors constitué, à savoir du Tiers-état renfermé dans les limites de la bourgeoisie. Mais cela même était une immense nouveauté ; c'était un passage éclatant à un système d'État où le mérite prendrait rang à côté des grandeurs antiques. On chercha l'égalité dans l'élévation, cependant que plus tard on la chercha dans l'abaissement.

Louis XIV en costume de sacre en 1648, par Henri Testelin

CHAPITRE II

Idées reçues regardant l'absolutisme

Au commencement du mois de juillet 1869, explique au sein de *La Semaine des familles* son directeur l'historien Alfred Nettement, nous nous trouvions réunis dans la même villa où, il y avait quelques années, par un été pluvieux qui nous empêchait de goûter les plaisirs de la promenade, nous avions mis d'un commun accord à l'ordre du jour l'époque historique de la Fronde, afin de sortir des conversations vagues et sans but déterminé. Cette fois c'était une autre raison qui nous empêchait de sortir pendant la journée. L'été, après avoir commencé dans l'eau, était entré avec le mois de juillet dans des chaleurs tropicales. Si nous étions sortis pendant la journée, nous aurions couru le risque d'être brûlés au lieu d'être noyés, ce qui ne vaut guère mieux.

Forcés de nous cantonner depuis dix heures jusqu'au dîner, pour nous garantir autant que possible de cette température torride, nous causâmes. Il y avait parmi les invités de la villa des hommes de tous les âges et un peu de toutes les opinions : un jeune républicain à tous crins, qui avait toutes les illusions de ses vingt ans, parce que les horizons de la vie s'ouvraient devant ses yeux et qu'il n'avait pas eu le temps d'égrener sur le chemin les perles de ses espérances ; notre vieux diplomate, dont l'expérience avait laissé derrière elle toutes les illusions, parce qu'il avait beaucoup vécu et beaucoup vu ; la jeune femme que nous avions trouvée, dans nos causeries sur la Fronde, si enthousiaste des belles frondeuses, madame de Longueville, la grande Mademoiselle, madame et mademoiselle de Chevreuse et les autres ; un jeune catholique ardent et impétueux comme on l'est à vingt-cinq ans ; quelques autres personnes qui, sans prendre une part bien active aux débats, y jetaient quelquefois leur mot ; enfin, celui qui écrit ces lignes et qui était chargé, à cause de ses anciennes habitudes parlementaires, de ramener le débat vers son but, quand il s'en écartait, et de mettre, autant que possible, de l'ordre dans la discussion.

Notre châtelaine était cette fois encore notre présidente d'âge et aussi de choix, car nous nous étions réservé le droit de former notre bureau.

« Nous n'avons oublié qu'une chose, dit-elle en se penchant vers moi, c'est de choisir le sujet sur lequel nous parlerons.

— Suivons le cours de l'histoire, répondis-je. Nous avons, dans notre dernière session, beaucoup parlé de la Fronde : parlons de Louis XIV, du grand siècle et du grand roi. »

Le jeune républicain bondit sur son fauteuil.

« A quoi nous servira, demanda-t-il, de remuer ces vieux oripeaux de l'antique monarchie ? L'avenir et le progrès ne sont-ils pas là, ces dieux de notre temps et les deux aspirations glorieuses de ma génération !

— Monsieur est sans doute un irréconciliable ? demanda la jeune femme avec un accent tant soit peu ironique.

— Oui, madame, je me fais honneur d'être irréconciliable avec le pouvoir absolu et la corruption.

— Eh bien, si vous êtes la haine, reprit la jeune femme, je suis l'enthousiasme. Heureux qui vécut dans les belles années de Louis XIV qui virent s'épanouir le noble printemps du grand règne, qui put assister aux tragédies de Corneille et de Racine, lire dans leur primeur les satires de Boileau, entendre Bossuet prononcer ses oraisons funèbres, saluer de son admiration les dernières victoires du grand Condé et de Turenne, lire les lettres de madame de Sévigné et admirer cette touchante la Vallière !

— Votre tolérance m'étonne, interrompit l'irréconciliable avec un accent railleur.

— Vous ne m'avez pas laissée finir, reprit la jeune femme : l'admirer dans son repentir. Je vous l'ai dit, et je vous le répète, quand il s'agit du siècle de Louis XIV, je suis l'enthousiasme.

— Moi, dit à son tour notre présidente, je dois être l'indulgence. »

Notre vieux diplomate considérait depuis quelques moments le jeune irréconciliable qui se démenait sur son fauteuil, et on lisait dans ses yeux l'inquiétude qu'éprouve un homme paisible en voyant ces animaux vigoureux et bondissants dont parle l'Écriture aiguiser leurs cornes contre un tronc d'arbre.

« Mon jeune monsieur, lui dit-il après une pause, j'ai peur que nous ne soyons pas souvent du même avis. Vous êtes la colère et moi, mes cheveux blancs m'avertissent que je dois être l'expérience.

— Quant à moi, dis-je en prenant humblement la parole le dernier, je tâcherai d'être l'impartialité, c'est-à-dire de faire la part à chacun, précisément parce que je ne suis d'aucun parti. »

L'irréconciliable tordait ses moustaches et ses favoris avec impatience. Il prit aussitôt la parole sans la demander, comme c'est l'usage des personnes de sa tribu :

« Y a-t-il quelqu'un ici, s'écria-t-il, qui ose nier que le règne de Louis XIV fut le règne de l'absolutisme et de la corruption ? Je me sens blessé dans ma dignité d'homme, quand j'aperçois cet insolent despote, seul debout dans son siècle, au milieu d'un peuple à genoux. Il commande, il légi-

Le cardinal Mazarin (1602-1661)

fère, il fait la paix, il fait la guerre, sans consulter personne. La France n'est rien et il est tout. Il oublie qu'il n'est que le délégué de la nation. Toutes ses paroles respirent un orgueil despotique : « La France, c'est moi ; — j'ai pensé attendre ; — je ne veux pas être gêné. » Oh ! non, il n'aimait pas à être gêné, et le nom de mademoiselle de la Vallière qu'on prononçait tout à l'heure évoque le souvenir de toute une période de corruption. Le mandataire de la nation exige d'elle le respect qu'il devrait lui montrer. »

Le vieux diplomate, qui écoutait cette harangue avec un mouvement imperceptible d'épaules, arrêta court l'orateur.

« Permettez, dit-il. Tout irréconciliable que vous êtes, vous ne pouvez exiger que Louis XIV devinât vos idées et votre langue des clubs, qui n'avaient pas cours au dix-septième siècle.

— Là n'est pas la question. Répondez par oui ou non : le règne de Louis XIV ne fut-il pas le règne du pouvoir absolu ?

— D'abord, mon jeune ami, comme nous ne sommes pas ici au club, je répondrai comme je le voudrai, et je prie notre vénérable président de me maintenir la parole. Certes, je ne nie pas que Louis XIV ait été un homme de pouvoir absolu.

— Vous voyez bien !

— Oui, je vois cela ; mais je vois aussi pourquoi le règne de Louis XIV fut un règne de pouvoir absolu et, comme vous me paraissez l'ignorer tout à fait, je vais vous le dire.

— Ah ! ah ! des excuses.

— Non, des raisons. D'abord, c'est un peu votre faute.

— Comment, ma faute ? »

Ici le jeune homme éclata de rire, se renversa sur son fauteuil et donna les marques d'une gaieté pantagruélique. Les *irréconciliables* sont incontestablement de grands citoyens ; mais quel malheur que de si grands citoyens soient si mal élevés ! comme disait M. de Talleyrand du grand empereur.

« Quand je dis votre faute, je veux parler de celle de vos ancêtres, reprit imperturbablement le vieux diplomate, car il y a eu des *irréconciliables* de tous les temps. Il y en a eu du temps des cabochiens ; il y en a eu du temps de la Ligue, et vous êtes trop près de vos examens pour avoir oublié les Seize. Il y en avait eu du temps de la Fronde, le jour de l'émeute de l'hôtel de ville. Et souvenez-vous bien de ceci, c'est une loi de l'histoire : Quand le pouvoir absolu est mis sur le pavois, c'est que l'anarchie, par la main des *irréconciliables*, lui a fait la courte échelle.

— Alors vous excusez le pouvoir absolu de Louis XIV ?

— Je l'explique comme un fait qui venait à son heure. Il y a deux espèces de pouvoir absolu : le pouvoir absolu tel qu'il est pratiqué en Orient, où un maître sans intelligence emploie la force et la terreur à tenir les populations immobiles et esclaves, comme on retient les eaux croupissantes d'un lac entre quatre rives. Il y a un autre pouvoir absolu. Celui-ci, intelligent et actif, se fait l'ouvrier des tâches nécessaires et applique tous ses soins à occuper l'esprit et le cœur des peuples de tant de manières différentes, qu'ils ne peuvent s'apercevoir de leur assujettissement.

— Que m'importe ? reprit impatiemment le jeune homme, je préfère à tout la liberté.

— J'allais vous dire, si vous ne m'aviez pas interrompu, reprit le diplomate, que ce despotisme intelligent était ce qu'il y avait de meilleur après la liberté, quand les peuples se montrent incapables de liberté. Ce fut là le pouvoir que prit Louis XIV, avec lequel il rendit la France assez semblable à ces grands fleuves qui sont contenus, il est vrai, des deux côtés par des quais infranchissables, mais des quais qui laissent aux eaux vives et courantes une libre issue vers la mer et précipitent même leur cours en le resserrant. Il importe d'avoir toujours cette idée présente à l'esprit, quand on étudie son règne. Non seulement c'est une intelligence élevée et active qui cherche un aliment dans les affaires où elle entre ou même qu'elle suscite, mais c'est un roi absolu qui sent le besoin d'occuper l'esprit vif et ardent de la nation, afin de faire dériver ainsi l'activité nationale qui lui susciterait des embarras et des obstacles à l'intérieur, et aussi pour placer si haut dans l'estime du peuple la royauté par laquelle il voit ces grandes choses s'accomplir, que personne ne songe à lui disputer un pouvoir dont elle fait un emploi si intelligent et si glorieux.

— C'est une théorie imaginée après coup, dit le jeune irréconciliable, pour réhabiliter la tyrannie de Louis XIV.

— Expliquez-nous alors, demandai-je à mon tour, la prodigieuse activité de son règne. La France ne sort d'une guerre que pour entrer dans des négociations qui préparent toutes les chances de succès à une guerre nouvelle. Ce mélange des armes et de la diplomatie est le caractère de ce règne, où les victoires sont sans cesse préparées ou fécondées par des négociations habiles, de sorte que la nation a à peine le temps de respirer entre deux entreprises.

— Mais vous conviendrez bien du moins, s'écria le jeune irréconciliable, que Louis XIV est infatué de lui-même, qu'il a foi dans son pouvoir absolu ?

— Ce qui donne un cachet particulier au pouvoir absolu de Louis XIV, j'en conviens, dit le diplomate, c'est qu'il regardait ce pouvoir à la fois comme un droit et comme un devoir. Dégoûté de la liberté, que les souvenirs de la Fronde lui faisaient confondre avec la licence, il ne comprenait même pas que la puissance ne fût pas absolue. Il ne parle qu'avec mépris dans ses Mémoires des rois qui laissent mettre quelque barrière à leur volonté. La royauté est à ses yeux comme une image de la puissance de Dieu sur la terre, une fonction toute divine, comme il l'appelle lui-même. Elle est maîtresse de la fortune et de la personne de tous les sujets, et ses ordres souverains sont des lois. Mais cette idée de la royauté est tempérée par le sentiment religieux qui impose du côté du ciel des limites à ce grand pouvoir qui, dans la pensée du roi, n'en a pas sur la terre.

Une seconde influence vient encore neutraliser en partie les inconvénients de cette autorité sans limites : Louis XIV comprend très bien que de quelque moyen que dispose la royauté, sa plus grande force est encore une force d'opinion. Il attache donc un prix immense à l'opinion publique, ce qui met un frein moral à cette puissance qui ne reconnaît pas de frein matériel. Partout il parle de la nécessité où sont les princes de se concilier les esprits de leurs peuples, de leur donner une haute idée d'eux-mêmes, et d'avoir l'amour de ceux qui les servent en même temps que leur admiration, et il ajoute dans ses Mémoires, que ce qui fait la grandeur et la majesté des rois, ce n'est pas tant le sceptre qu'ils portent que la manière de le porter. »

Ici notre vénérable hôtesse se porta du côté du jeune républicain, qui semblait un peu étourdi en entendant développer ces graves raisons auxquelles il n'avait pas songé en ouvrant le débat.

« Ne croyez-vous pas, dit-elle, que ce pouvoir absolu, que les circonstances offrirent à Louis XIV plus qu'il ne le prit, et l'idée exagérée qu'il s'en fit, contribuèrent beaucoup aux fautes de sa vie politique comme à celles de sa vie privée ?

— Vous avez cent fois raison, dit le vieux diplomate.

— Ces idées me sont surtout venues, reprit notre vénérable hôtesse, en lisant, dans les Mémoires du temps l'histoire de l'attachement du roi pour mademoiselle de la Vallière. Le roi avait commencé avec mademoiselle de Mancini un de ces romans de tendresse infinie où une affection mutuelle surmonte tous les obstacles, rapproche toutes les distances, et où deux cœurs se confondent dans une même pensée. Le cardinal Mazarin et la reine mère avaient interrompu ce roman, qui aurait fait descendre Louis XIV jusqu'à une sujette, pour le marier à l'infante d'Espagne. « Vous m'aimez, vous êtes roi, et je pars ! » avait dit la fière Italienne en s'éloignant. Cette parole pesait sur le cœur de l'homme et sur l'orgueil du roi. Il reprit le roman, qui devenait coupable cette fois, avec mademoiselle de la Vallière. Tous ces brillants rêves de la jeunesse, toutes ces belles chimères des romans qui avaient charmé ses loisirs pendant que

Jean-Baptiste Colbert (1619-1683), par Claude Lefèbvre (1666)

Mazarin gouvernait, se trouvaient réalisés dans cette liaison. Il prenait sa revanche contre le cardinal Mazarin ; il répondait à cette phrase qui l'avait tant blessé. En même temps, il échappait au joug qu'une de ces ambitieuses femmes de la cour qui aspiraient à le soumettre à leur ascendant, aurait voulu lui imposer. Mademoiselle de la Vallière, simple, désintéressée, ne lui demandait aucune part au pouvoir suprême. Il pouvait donc se livrer à son penchant sans donner à penser qu'il était conduit par une femme, lui qui avait voulu apprendre à tout l'univers, par la disgrâce et la captivité du surintendant Fouquet, qu'il ne serait pas gouverné par un premier ministre.

— Ce fut le printemps du grand règne, ajouta la jeune femme. Il me semble voir mademoiselle de la Vallière jouissant, cachée dans la foule, des fêtes magnifiques dont elle savait qu'elle était l'objet. Cet attachement mystérieux donnait un nouvel attrait à ces carrousels, à ces brillantes réunions, à ces spectacles, par lesquels Louis XIV préludait aux féeries plus merveilleuses encore qui marquèrent l'inauguration de Versailles.

— N'oublions pas, reprit notre vénérable présidente, que bientôt des intrigues de cour troublèrent la sérénité de ces amours coupables et amenèrent le roi à les rendre publiques. Les Mémoires du temps n'ont laissé aucune ombre sur les manœuvres employées dans cette occasion. On voyait avec jalousie dans la cour de Madame l'inclination de Louis XIV. Pour y mettre un terme, on eut recours à une de ces noirceurs vulgaires qu'on trouve dans les pièces de théâtre. La comtesse de Soissons, l'une de ces nièces de Mazarin au milieu desquelles le roi avait été élevé, aurait voulu substituer à mademoiselle de la Vallière une femme de son choix, à l'aide de laquelle elle espérait gouverner Louis XIV. Le comte de Guiche et le comte de Vardes, qui formaient avec elle un triumvirat tout-puissant dans la cour de Madame, prirent part au complot, et la duchesse d'Orléans elle-même y trempa. On résolut de révéler à la jeune reine l'intrigue qu'elle ignorait encore. On ne doutait pas que ses plaintes, appuyées par les remontrances de la reine mère, ne contraignissent le roi à rompre avec mademoiselle de la Vallière. Cette lettre fut écrite sous le nom du roi d'Espagne, qui était censé avertir sa fille de l'intrigue dont il s'agissait. Le marquis de Vardes composa la lettre, le comte de Guiche la traduisit en espagnol, et le secret fut si bien gardé, qu'on ne soupçonna point d'abord d'où partait ce coup. Cependant la jeune reine se plaignit avec une douloureuse vivacité au roi et lui dit qu'il était bien peu maître de ses passions. Mais le roi répliqua avec beaucoup de hauteur et d'emportement qu'il serait maître du moins de ceux qui lui feraient pièce et il ajouta qu'il ne voulait pas être gêné. Les remontrances de la reine mère ne le trouvèrent pas plus docile.

L'esprit absolu de Louis XIV et le défaut capital de son caractère commençaient à apparaître. Il enveloppait l'homme tout entier dans la majesté du roi, et il prétendait pour ses passions et pour ses faiblesses au même respect que pour son rang. Presque toutes les fautes de sa vie sont dans cette confusion, et, chose remarquable, cet enivrement de sa propre grandeur le conduit à toutes les petitesses que l'histoire est obligée de signaler dans son règne. Ce roi si puissant et si glorieux dans sa politique étrangère, si grand dans l'administration intérieure de son royaume, le voici se donnant en spectacle à sa cour, devenu le jouet de quelques courtisans, qui, après l'avoir exposé à ces querelles domestiques qui ont toujours un côté ridicule, égarent les coups de sa vengeance et les font tomber sur les innocents. Le marquis de Vardes que Louis XIV aimait, consulté par lui à cette occasion, détourna perfidement les soupçons sur la vieille duchesse de Navailles, dame d'honneur de la reine, qui fut exilée ainsi que son mari. Puis, les conjurés s'étant querellés, comme cela arrive presque toujours, la vérité transpira. Alors le comte de Guiche fut banni, ainsi que la comtesse de Soissons, et le marquis de Vardes fut jeté dans un cachot de la citadelle de Montpellier ; triste usage de la toute-puissance qui descendait jusqu'à devenir l'instrument des vengeances personnelles de l'homme ! Petit côté du grand siècle où les intrigues de ruelle devenaient des affaires d'État et où la liberté des personnes était à la merci des caprices ou de l'humeur du prince au lieu d'être sous la sauvegarde de la loi ! »

Ici le jeune républicain se renversa sur le dos de son siège en applaudissant à tout rompre.

« A la bonne heure ! s'écriait-il, à la bonne heure ! Voilà qui s'appelle parler ! Une républicaine ne dirait pas mieux, et vraiment notre vénérable amie eût été digne d'être déesse de la liberté !

— Je repousse, au nom de notre présidente, l'hommage que vous voulez lui rendre, dit le vieux diplomate ; j'ai connu des déesses de la liberté, et je vous assure que c'étaient des déesses peu sévères. Du reste, tout admirateurs que nous sommes des grandes qualités et des grandes actions de Louis XIV, nous déplorons tous ses défauts, et en particulier la disposition qu'il avait à demander pour ses faiblesses le même respect que pour sa grandeur. Croyez-vous que nous puissions approuver le roi d'avoir exilé le comte de Bussy-Rabutin dans ses terres pour avoir composé une chanson satirique sur mademoiselle de la Vallière, sans que nous éprouvions pour cela une grande sympathie pour Rabutin, qui s'efforça en vain de racheter son libelle en allant encore plus loin dans l'adulation qu'il n'était allé dans la satire ? Que le prince cessât de recevoir Rabutin à sa cour, cela eût été naturel : il ne pouvait être privé de la liberté qui n'aurait pas été refusée au moindre de ses sujets ; mais qu'un déplaisir personnel causé au prince devînt un crime d'État et fût puni comme tel, c'est ce qu'on a de la peine à comprendre, quand on ne se reporte pas à l'esprit de l'époque.

Ce vice n'était pas fortuit, il tenait essentiellement à l'établissement politique que Louis XIV avait fondé et qu'il ne faut pas confondre avec la monarchie française. Au fond, il attribuait à la volonté royale toute la puissance qui, dans les États libres, n'appartient qu'à la loi. Le déplaisir causé à l'homme qui se regardait comme la souveraineté même paraissait donc une espèce de révolte contre laquelle on pouvait et l'on devait sévir. Mais ces punitions ne remédiaient à rien. Ce qu'on ne pouvait pas dire en France, on le disait en Hollande ; les pamphlets et les caricatures de ce pays prennent, dès cette époque, pour point de mire les amours du roi. Ce prince, poussé à bout par des censures auxquelles il n'était pas habitué, avait achevé de déchirer le voile qui jusque-là dérobait au moins au public le secret de sa vie intime. Sourdement persécutée à la cour de Madame et exposée à ces railleries dont les pointes aiguës font tant souffrir, mademoiselle de la Vallière, dans une heure d'humiliation et de découragement, était allée se réfugier au couvent de Chaillot. On apprit au roi cette nouvelle pendant qu'il donnait audience à l'envoyé du doge de Gênes. Il eut à peine la patience de permettre que l'audience se terminât, et, montant aussitôt à cheval, il alla enlever mademoiselle de la Vallière.

— De mieux en mieux, s'écria le jeune républicain. Ce que je voulais dire, vous le dites. Avais-je donc un si grand tort de dire, au début de notre causerie, que le siècle de Louis XIV était le siècle du pouvoir absolu et de la corruption ?

— Vous aviez tort, repris-je à mon tour, de dire qu'il n'y avait que cela dans le siècle de Louis XIV.

— C'est là le revers de tant de grandeurs, s'écria le jeune catholique qui avait jusque-là gardé le silence, revers qu'il fallait montrer pour ne pas tomber dans le vice de ces peintres qui, aux plafonds du palais de Versailles, ont tous représenté Louis XIV sous la forme d'un demi-dieu.

— Vous êtes tous des républicains sans le savoir, répondit le jeune irréconciliable.

— Je proteste, reprit la jeune femme, et je ne comprends pas la dureté avec laquelle vous traitez mademoiselle de la Vallière. Pauvre femme, ou, comme le dit madame de Sévigné, « pauvre petite violette, honteuse d'être aimée, honteuse d'être duchesse, honteuse d'être mère ! » Elle semblait déjà demander grâce aux hommes du bonheur dont elle devait, pendant les longues et austères années d'une vie pénitente, faire amende honorable devant Dieu, quand son âme aurait une fois senti le vide des attachements humains et le néant des amours qui unissent !

— Vous nous aviez promis d'être l'enthousiasme, et vous ne démentez pas votre promesse, interrompit le jeune républicain.

— Vous tenez beaucoup trop celle que vous avez faite d'être la colère et la haine, reprit la jeune femme.

— Je vous ai avertis d'avance que j'étais irréconciliable avec la corruption.

— Monsieur l'irréconciliable, interrompit la jeune femme, souvenez-vous de la parole qui termine un des plus touchants récits de l'Évangile : « Que celui qui est sans péché lui jette la première pierre ! » Profitez de cette divine leçon et ni Louis XIV ni mademoiselle de la Vallière ne risqueront d'être lapidés.

— Quoi que vous en disiez, vous ne m'obligerez pas à m'incliner devant mademoiselle de la Vallière.

— Si vous êtes assez mal appris, messieurs les irréconciliables, pour garder votre chapeau devant la duchesse, courbez-vous devant Louise de la Miséricorde à laquelle Bossuet, ce Père de l'Église, dit, le jour où elle se voua à Dieu : *Victime de la pénitence, montez à l'autel, ma sœur !* »

Molière dînant à la table du roi Louis XIV

Louis XIV fonde l'Académie des sciences et l'Observatoire, par Henri Testelin (1667)

CHAPITRE III

Florissement des arts et des sciences, suprématie de notre diplomatie

« J'ai vraiment regretté hier, s'écria le jeune républicain à l'ouverture de notre causerie, que le débat se soit fermé si vite, car je suis persuadé que nous allions tous crier : *Vive la république !*

— Vous vous trompez, jeune homme, interrompit l'ancien diplomate, et votre erreur vient de ce que vous avez pris un coin du tableau pour le tableau tout entier.

— Nous avons fait, ajoutai-je, ce qu'on fait souvent dans des assemblées plus nombreuses que la nôtre. Le défaut capital de Louis XIV, c'est-à-dire l'infatuation du pouvoir absolu, ayant vivement frappé nos regards, nous avons tout abandonné pour le suivre dans tous ses développements.

— Dans tous, c'est trop dire, répliqua le jeune républicain, car nous n'avons pas dit un mot de la révocation de l'édit de Nantes.

— Pas plus que de l'assemblée de 1682, ajouta le jeune catholique.

— Le moment est venu de rappeler, continua le vieux diplomate, que ce jeune roi, si peu maître de ses passions, comme le disait la jeune reine, travaillait cependant six heures par jour au moins aux affaires de son royaume : que les plaisirs des fêtes et les fêtes ne l'empêchaient pas de dicter toutes les dépêches importantes qui préparaient par la diplomatie les succès de guerre, et de concourir avec Colbert au rétablissement des finances ; qu'il savait faire respecter la France au dehors et qu'il rouvrait partout les sources de prospérité intérieure ; que, non seulement il faisait construire Versailles, mais qu'il continuait le Louvre et commençait l'Observatoire. L'éloquence, les sciences, les lettres, rien n'échappait à sa vigilante protection et à sa munificence universelle. Le jour où il entendait pour la première fois Bossuet parler en chaire, il faisait en sortant de sa chapelle écrire au père du jeune prédicateur pour le féliciter d'avoir un pareil fils. Ses bienfaits étaient allés chercher Racine après la pièce de vers que celui-ci, poète alors inconnu, avait composée sur le mariage du roi et de l'infante, et il accueillait la dédicace d'*Alexandre*, seconde tragédie de l'auteur. Sa constante faveur soutenait Molière, et, dans les fêtes d'inauguration de Versailles, il faisait jouer devant toute sa cour les trois premiers actes de *Tartuffe*.

Que dire de plus ? Il fondait en 1663 l'Académie des inscriptions et belles-lettres pour composer les inscriptions des monuments qu'il élevait et surveiller les légendes des médailles destinées à rappeler les grandes choses accomplies sous son règne. En 1666, il instituait l'Académie des sciences pour imprimer plus d'unité aux investigations de l'intelligence humaine, et lui assignait un appartement au Louvre.

— Qu'en dites-vous, monsieur l'irréconciliable ? s'écria la jeune femme. Ce n'est pas mal pour un roi, il faut en convenir.

— Ce n'est point tout encore, dit le jeune catholique. Les libéralités de Louis XIV ne se renfermaient pas dans les frontières de son royaume. Partout où un grand talent brillait, sa munificence allait le chercher. Il fit venir d'Italie, pour le consulter sur la construction du Louvre, le cavalier Bernini qui jouissait d'une grande réputation à cause de la célèbre colonnade dont il venait à cette époque d'entourer le parvis de Saint-Pierre. Bernini fut traité avec une générosité royale. Pendant toute la durée de son séjour, qui se prolongea huit mois, il reçut cinq louis par jour, et à son départ le roi lui fit remettre une gratification de 50 000 écus avec le brevet d'une pension de 2 000 écus pour lui et de 500 pour son fils.

Jamais les arts n'avaient été traités avec autant de libéralité, et les magnificences de François Ier, demeurées célèbres, se trouvèrent surpassées. L'esprit du roi saisissait toutes les idées grandes et belles, lorsqu'elles étaient exprimées devant lui. Ayant entendu un jour le duc de Saint-Aignan rappeler que le cardinal de Richelieu avait envoyé des présents à des savants étrangers, le roi ordonna à MM. de Colbert et de Lionne de choisir un certain nombre de Français et d'étrangers distingués dans les sciences et dans les lettres auxquels il donnerait des marques de sa munificence. Le bibliothécaire du Vatican, Allaci ; le comte Gratiana, secrétaire d'État du duc de Modène ; Viviani, célèbre mathématicien du grand-duc de Toscane ; Vossius, historiographe des Provinces-Unies ; l'illustre mathématicien Huygens ; enfin jusqu'à des professeurs d'Altorf et de Helmstaedt, s'étonnèrent de recevoir des lettres de Colbert, dans lesquelles ce ministre leur mandait que, si le roi n'était pas leur souverain, il les priait d'agréer qu'il fût leur bienfaiteur.

— C'était avec l'or, produit des sueurs du peuple, s'écria le jeune républicain, que le despote français prodiguait ainsi des libéralités.

— Permettez, interrompit la jeune femme, si nous ne voulons pas retourner à l'état sauvage, applaudissons aux gouvernements qui encouragent les sciences, l'art et les lettres.

— C'est ainsi que grandissait la renommée de Louis XIV, reprit le vieux diplomate, et que, de toutes parts, les yeux commençaient à être tournés sur lui. On se demandait quel était ce jeune roi qui, à un âge où la plupart des hommes ne vivent que pour les plaisirs, avait introduit un ordre admirable dans les affaires de son royaume et l'avait préparé à l'action, en le mettant dans toutes les conditions de l'unité politique, de la force et de la prospérité.

— Oui, dit le jeune républicain ; mais toutes ces mesures n'avaient qu'un objet : préparer les guerres qui allaient suivre.

— Je ne sais, mon jeune ami, répliqua le vieux diplomate, si vous êtes membre du congrès de la paix ; mais je ne doute pas que vous soyez un bon patriote. Eh bien, je me charge de vous prouver que les guerres de Louis XIV, les premières du moins, étaient nécessaires à l'existence de la France. Il importe de ne pas oublier que, à cette époque, notre pays n'avait pas les frontières que Louis XIV nous a léguées. Le traité des Pyrénées, signé par Mazarin, nous avait, il est vrai, donné l'Artois ; mais nous n'avions ni la Franche-Comté, ni la Flandre française, celle dont Lille est le chef-lieu, ni l'Alsace, ni la Lorraine. Il suffit de jeter les yeux sur la

Condé victorieux à Rocroi (19 mai 1643)

carte pour juger de la diminution que subirait la France, si ces provinces lui étaient ôtées, et l'on sait que, en 1815, la malveillance des puissances les plus hostiles à notre pays n'allait pas au delà de ces retranchements.

Ce qui nous frappe devait frapper Louis XIV. Il sentait que la grande politique de Henri IV, de Richelieu, de Mazarin, n'avait pas encore atteint son but. Il comprenait qu'il devait en être le continuateur. Est-il quelqu'un qui puisse nier que les nations, aussi bien que les individus, doivent avoir à côté de leur existence matérielle une existence morale ? Les générations, qui sont comme les flots des grands fleuves, ont chacune un mouvement particulier qui entre dans le mouvement général et, de même qu'elles recueillent le bénéfice des sacrifices et des travaux des générations précédentes, elles doivent embrasser les travaux et consentir aux sacrifices nécessaires aux générations de l'avenir. L'œuvre du règne de Louis XIV au dehors était évidemment de profiter de la situation de la France et de celle de l'Europe pour donner satisfaction au principe territorial, qui avait reçu des lésions profondes par suite des troubles et des malheurs du passé.

Lorsqu'on songe à ce qui aurait pu advenir, si la France avait dû traverser les épreuves qu'elle a subies à la fin du dix-huitième siècle, sans être couverte par la Flandre, la Franche-Comté, l'Alsace et la Lorraine, on comprend combien les premières guerres de Louis XIV étaient non seulement utiles, mais nécessaires. Le malaise financier qui en résulta fut transitoire et les avantages territoriaux qui en résultèrent furent au contraire permanents. Les charges que la France eut à supporter dans les guerres de 1667 et de 1672, je veux parler de celles qui se fermèrent par le congrès d'Aix-la-Chapelle et le congrès de Nimègue, ne l'empêchèrent pas, en effet, deux siècles à peu près plus tard, de sauver sa nationalité menacée par une coalition européenne ; et nul n'oserait dire qu'elle aurait été aussi heureuse dans la lutte, si l'Alsace, la Franche-Comté, la Flandre et la Lorraine eussent été dans les mains de ses ennemis. Il n'y a donc aucun reproche à adresser à Louis XIV au point de vue des intérêts nationaux, au sujet de ces guerres. Quand Colbert les blâma, il parla en financier : Louis XIV agit en roi.

— C'est à vous, répondis-je, de nous montrer toute l'habileté déployée par le grand roi dans les négociations qui précédèrent cette guerre. »

Un souffle d'enthousiasme passa sur le front du vieux diplomate, ordinairement couvert d'un nuage.

« Ah ! s'écria-t-il, c'était le beau temps de la diplomatie française ! On a vanté le talent diplomatique du prince de Talleyrand : qu'était-ce que le prince de Talleyrand auprès des diplomates du grand règne ? Le roi d'Espagne, beau-père de Louis XIV, venait de mourir ; le roi résolut de profiter de cet événement pour revendiquer, au nom de l'infante Marie-Thérèse, devenue reine de France, la possession de la Flandre espagnole, comme la part actuellement acquise de cette princesse à l'héritage paternel, et pour déclarer, en vue de l'avenir, la nullité de la renonciation souscrite par elle au moment de son mariage. Ce fut là l'idée dominante du règne ; toutes les négociations tournèrent autour de ce dessein comme autour d'un pivot, et l'on découvre dans toutes les démarches de la politique française au dehors l'arrière-pensée de disposer l'Europe à favoriser cette entreprise, ou du moins à ne pas y faire obstacle.

C'est là que commencèrent à se dessiner les deux grands caractères de la politique de Louis XIV : dans la conception des projets et dans leur préparation, une prudence, une maturité consommée à laquelle aucun détail n'échappe ; qui calcule toutes les chances et n'abandonne rien au hasard de ce qu'on peut donner au conseil ; qui dégage une entreprise de toutes les difficultés dont elle peut être dégagée par des négociations habiles et bien conduites, et ne laisse subsister que les difficultés qui y sont inhérentes par la nature des choses ; dans l'exécution, une rapidité, une sûreté et une abondance de moyens qui accablent l'adversaire et lui ôtent toute confiance en lui-même en le forçant à croire à la défaite avant d'avoir combattu.

Ce fut d'abord du côté de la Hollande que les précautions de la politique française furent dirigées. Les rapports des deux pays étaient devenus moins intimes et moins amicaux depuis que la France était rentrée en possession de la ville de Dunkerque. Les Hollandais avaient vu dans le retour sous la domina-

Hugues de Lionne (1611-1671), par Robert Nanteuil

tion française de ce port, placé sur leur littoral, une concurrence pour leur commerce et même un danger pour leur existence politique. Cependant, des deux partis qui se disputaient les affaires, il y en avait un qui était demeuré fidèle à l'alliance française : c'était le parti républicain, représenté par le grand-pensionnaire Jean de Witt. Par crainte du parti orangiste, qui travaillait au rétablissement du stathoudérat en faveur du jeune prince d'Orange, neveu de Charles II, et entretenait des intelligences avec l'Angleterre, les républicains hollandais désiraient conserver leurs bons rapports avec Louis XIV. La question de liberté intérieure dominait encore pour eux la question de politique étrangère. Dans cet état de choses, une guerre éclata entre la Hollande et l'Angleterre, par suite de l'alliance que cette dernière puissance avait contractée avec l'évêque de Munster, profondément irrité contre les États généraux qui avaient favorisé la rébellion des habitants de cette ville contre sa souveraineté.

Louis XIV saisit l'occasion du secours que lui demandaient les États généraux pour engager les Hollandais dans ses intérêts. Il vint à leur aide ; cependant il y mit assez de réserve pour ne pas s'exposer à des pertes graves dans une lutte où l'intérêt de la France n'était pas engagé. Quand on a lu les dépêches de M. de Lionne et de M. de l'Estrade, il est impossible de s'y méprendre. Le roi ne refuse pas de secourir la Hollande, parce que, à la suite de ce refus, le parti représenté par le grand-pensionnaire aurait perdu le pouvoir à l'intérieur, et que le pouvoir aurait passé au parti du prince d'Orange, qui inclinait à une alliance étroite avec l'Angleterre ; or cela aurait créé de grands dangers à la France, contre la marine de laquelle les deux plus puissantes marines du monde se seraient trouvées coalisées. D'un autre côté, avec la ferme résolution où il était de revendiquer les Pays-Bas espagnols, Louis XIV ne devait pas désirer d'augmenter la prépondérance des États généraux, attendu que, dès qu'il posséderait ces provinces, la Hollande devait se trouver précisément, à l'égard de la France, dans la même position de défiance et d'hostilité où elle se trouvait en face de l'Espagne.

— Résumons, si vous le voulez bien, cette page de diplomatie, dit le jeune républicain. La politique de Louis XIV était donc de secourir la Hollande d'une manière plus apparente que réelle ; assez pour que le parti français pût conserver la direction des affaires, pas assez pour que la puissance hollandaise se développât de manière à devenir trop redoutable. »

Le diplomate fit un signe d'acquiescement.

« Une autre et grave considération, continua-t-il, portait Louis XIV à suivre cette ligne de conduite : il sentait le besoin de s'assurer la neutralité de Charles II, pour le temps où la France se présenterait en armes dans les Pays-Bas espagnols. Il ne faisait donc que très mollement la guerre, et tandis qu'il se prévalait auprès des États généraux du service qu'il leur rendait en la faisant, il se prévalait auprès de Charles II du peu d'ardeur avec laquelle il la poussait.

— Ce n'est pas sans raison que M. Guizot a dit un jour à la tribune que la politique est l'art de faire des choses difficiles, dit notre président.

— Il est vrai, fit observer le jeune républicain, que Louis XIV avait obtenu là un avantage qu'on obtient rarement, celui de satisfaire tout le monde et de ne servir que lui-même.

— Remarquez que je n'ai pas encore tout dit, reprit l'ancien diplomate. Ce n'était pas assez pour assurer le succès de la guerre que l'on méditait de s'assurer de la neutralité de la Hollande et de l'Angleterre, il fallait se prémunir contre l'intervention possible de l'empereur d'Allemagne. Le temps pour lequel avaient été signés les traités qui nous garantissaient l'amitié et les secours des princes riverains du Rhin, était arrivé à son terme. Or ces princes avaient cessé de craindre l'empereur, dont la modération ressemblait à de l'impuissance. Il fut impossible de faire renouveler l'alliance générale du Rhin. Louis XIV, qui vit de bonne heure cette impossibilité, se contenta de négocier des traités particuliers, afin de fermer les avenues par lesquelles les armées impériales pouvaient pénétrer dans la Flandre espagnole.

Passage du Rhin par Louis XIV (1672)

Ce furent des traités de subsides. Les électeurs de Mayence, de Cologne, le duc de Neubourg et l'évêque de Munster conclurent, pendant le cours de l'année 1666 et au commencement de 1667, des traités dans ce sens, et s'engagèrent positivement, moyennant un subside convenu, à tenir sur pied des forces suffisantes pour fermer la route des Pays-Bas à l'empereur, en cas d'une rupture des Pays-Bas et de la France. Tous ces traités, signés particulièrement et tenus secrets, vinrent se fondre dans un traité collectif qui réunit dans une alliance commune les princes confédérés avec la France. Le but principal était atteint. Le chemin des Pays-Bas espagnols se trouvait barré devant l'empereur, auquel Louis XIV se ménageait en outre les moyens de susciter des affaires en Hongrie. Qu'en dit notre jeune ami le républicain ?

— Je ne peux nier que Louis XIV fut un habile politique, ce qui ne me réconcilie pas avec son despotisme.

— Remarquez, continua l'ancien diplomate, combien tout était admirablement préparé pour l'expédition méditée dans les conseils de la France. Tout péril avait été prévu et la solution de chaque difficulté qui pouvait s'élever était prête. La neutralité de la Hollande et de l'Angleterre assurée au moins pour la première campagne, l'Empire tenu en échec par la Confédération rhénane ; restait l'Espagne, sur le penchant de sa ruine et embarrassée encore de sa lutte contre le Portugal, en face de la France, qu'une administration habile avait élevée à l'apogée de sa puissance et de sa richesse, et qui, tranquille de tous les côtés, et obéissant à l'impulsion intelligente et forte d'un roi dans toute la vigueur de l'âge et du génie, pouvait diriger toute son action sur le point où elle voulait l'emporter.

— Si les voies étaient aplanies au dehors, continuai-je, les précautions n'en étaient pas moins bien prises au dedans. Les finances rétablies par Colbert fournissaient sans effort les fonds nécessaires ; l'armée était sur un pied excellent ; le roi, sous un prétexte plausible, avait réuni 50 000 hommes dans les deux provinces les plus rapprochées des Pays-Bas ; 1 600 pièces d'artillerie avaient été fondues en France et il en avait été commandé d'autres dans les provinces du Nord. Les magasins de vivres étaient établis sur la frontière de la Picardie, et le roi s'était procuré le plan de toutes les places fortes de la Flandre. Notre marine, qui, en 1661, ne comptait plus que 18 bâtiments de guerre de 30 à 70 canons, comptait en 1667, 59 navires, dont deux de 80, portant 600 hommes d'équipage ; les autres, 66 à 30 canons, avec un équipage de 500 à 200 hommes. D'autres navires d'un rang moins élevé formaient notre marine légère, et faisaient monter nos forces de mer à 110 navires de diverses grandeurs, armés de 3 713 canons et montés par 21 915 hommes.

— Il me semble, dit la maîtresse de la maison, que notre causerie d'aujourd'hui finit d'une manière plus favorable pour Louis XIV que notre causerie d'hier. »

Le jeune républicain était sombre.

— Grand homme, à la bonne heure, murmurait-il, mais encore plus grand despote.

— Monsieur, lui dit la jeune femme, vous vouliez nous faire crier avec vous hier : *Vive la République !* pourquoi ne crieriez-vous pas avec nous aujourd'hui ?

— Et que crierais-je donc ?

— Vive le grand roi ! »

Louis II de Bourbon-Condé dit le Grand Condé (1621-1686)

Louis XIV conduisant l'assaut de Valenciennes en mars 1677, par Jean Alaux (1837)

CHAPITRE IV

Louis XIV : stratège militaire hors pair

Nous étions assis dans une salle de verdure, par un beau jour où une douce brise tempérait l'ardeur du soleil. Ce fut la jeune femme qui, prenant la parole, proposa de continuer la causerie sur le règne de Louis XIV.

« Est-ce que tout n'a pas été dit sur la guerre des Pays-Bas qui aboutit au traité d'Aix-la-Chapelle, demanda le jeune républicain ?

— Non, certes, répliqua le vieux diplomate, et quiconque voudra étudier la diplomatie d'une manière utile devra arrêter ses regards sur cette campagne.

— En effet, ajoutai-je, la campagne des Pays-Bas ne fut pas une campagne ordinaire. Les négociations marchèrent de front avec les opérations militaires, et Louis XIV n'hésita pas à arrêter celles-ci plusieurs fois, pour laisser à la diplomatie le temps de faire son œuvre. Par une fermeté mêlée d'adresse et par une audace que tempérait la prudence, Louis XIV parvint à maintenir dans l'immobilité toutes les puissances qui auraient pu entraver sa campagne des Pays-Bas. Les alliances qu'il avait su se concilier sur le Rhin avant le commencement des opérations permirent à ses agents d'élever la voix toutes les fois qu'on voulut employer la menace. Ils présentèrent leur maître comme prêt au besoin à soutenir la lutte contre l'Empire, l'Angleterre et la Hollande, si ces puissances s'opposaient aux droits légitimes de la France.

En même temps, ils ne cessèrent d'annoncer qu'il était disposé à user avec modération de ses succès de sorte qu'en évitant de pousser à bout les puissances qui auraient pu intervenir, et en leur laissant voir qu'on était prêt, à tout événement, à repousser leur intervention par la force, on les paralysa pour ainsi dire et on les détourna d'une action qui ne leur parut pas assez nécessaire, en même temps qu'elle leur paraissait trop dangereuse pour être tentée. L'Empire craignit tout à la fois les électeurs du Rhin, dont il soupçonna l'alliance avec la France, et la neutralité de la Suède, qui lui parut suspecte. La Suède craignit le Danemark, la Hollande redouta la Suède et le Brandebourg, de sorte que personne ne bougea en Allemagne. »

Il y avait parmi nous un général qui n'avait eu jusque-là aucune part dans le débat. Il prit pour la première fois la parole en disant :

« Ce fut précisément cette certitude que rien ne bougerait en Allemagne qui permit à Louis XIV d'appeler M. de Créqui sous les murailles de Lille, en lui ordonnant de quitter les Trois-Évêchés et de prendre son chemin par le Luxembourg, ce qui amena la déroute de Marsin et du seul corps d'armée que les Espagnols eussent engagé depuis le commencement de la campagne.

— Rien de plus vrai, reprit le diplomate ; mais ce point obtenu, ce fut un coup de maître que de s'arrêter au milieu du succès, car, en tendant trop la corde, on s'exposait à la rompre. Après avoir donné des victoires à nos armées, il fallait donner des raisons à nos diplomates pour appuyer ces promesses de modération qu'ils faisaient au nom du roi depuis le commencement de la campagne. Ce temps d'arrêt empêcha l'Empire d'armer, calma pour un temps la Hollande, aida à faire prévaloir le parti français dans la diète, à détacher le Brandebourg des intérêts espagnols, et détourna la Suède de se déclarer.

Le roi avait une position excellente. Sans y être forcé par personne, il interrompait le cours de ses conquêtes par considération pour des puissances amies qui avaient désiré s'interposer entre lui et les Espagnols comme médiatrices. Par là, il acquérait le droit de se consolider dans ses nouvelles possessions. Par là, il conservait, seul en Europe, le droit d'armer pour être en mesure, dans le cas où l'Espagne ne consentirait pas à profiter de la médiation qu'on lui offrait. En outre, il la mettait dans son tort aux yeux de toutes les puissances, et transférait sur sa tête la responsabilité de la perturbation de la paix générale. On peut donc dire que le temps qu'il paraissait perdre, il le gagnait, et qu'en subordonnant les intérêts matériels de sa campagne aux nécessités diplomatiques, il se ménageait la possibilité de faire une campagne nouvelle.

Ajoutez encore à cela qu'il était d'une bonne tactique de diviser son succès en deux parties, et de ne pas donner des aliments à la jalousie des cabinets en conquérant les Pays-Bas tout d'une haleine. Enfin, pour ne rien oublier, Louis XIV évitait encore par là un grave inconvénient, celui d'être obligé à éparpiller son armée en garnisons, ce qui aurait eu lieu s'il avait multiplié ses conquêtes. Il conservait toutes ses forces pour porter les coups qui devaient être décisifs et contraindre l'Espagne à une transaction.

— J'avais aperçu cet inconvénient-là, dit le général, c'est un inconvénient militaire. Je vous sais gré de m'avoir indiqué les autres, ils m'avaient échappé.

— Je suis entré dans quelques détails sur les négociations qui préparèrent et accompagnèrent la campagne des Pays-Bas, dit le diplomate, parce que la conduite de ces négociations est surtout l'œuvre de Louis XIV.

— Sans doute, s'écria le jeune républicain, il aimait mieux écrire des dépêches que d'aller au feu.

— C'est ce qui vous trompe, jeune homme, répliqua sévèrement le général. Si vous aviez étudié l'histoire militaire du temps dans des auteurs compétents, au lieu de la chercher dans des pamphlets, vous sauriez le contraire. Louis XIV prit part à la guerre dans la mesure où son concours pouvait être utile. Il apportait dans le conseil de guerre cette puissance de bon sens qui fut son génie, quand les passions auxquelles l'humanité n'échappe jamais entièrement ne l'égaraient pas. Sans doute il ne chercha pas les périls comme Henri IV, dont le courage était différent, parce que sa situation était tout autre, mais il ne fit jamais rien pour les éviter. Il se conformait ordinairement aux vues de Turenne, dont il reconnaissait la supériorité dans ces matières ; mais dans la diplomatie, tout partait de lui. Les dépêches étaient dictées par lui et souvent écrites de sa main.

C'est donc à lui qu'il faut rapporter l'honneur de ces négociations conduites avec tant de fermeté et avec une appréciation si haute du caractère des hommes et de l'état des choses en Europe. Dans le cours de ces négociations, il prononça une parole qui mérite d'être rapportée parce qu'elle contenait la prévision d'un

Henri de La Tour d'Auvergne, dit Turenne (1611-1675)

événement qui prit place dans l'histoire presque un siècle plus tard. Quand il envoya le marquis de Pomponne à Stockholm il le chargea d'obtenir le concours de la Suède pour empêcher que l'*Empereur*, le *Moscovite* et le *marquis de Brandebourg* ne partageassent les États de Pologne après la mort du roi Casimir...

— Quoi ! s'écria le jeune républicain, Louis XIV a écrit cette phrase ?

— Oui, reprit le jeune catholique, il l'a écrite, et ce n'était pas une médiocre preuve de prévoyance, vous en conviendrez, que d'indiquer ainsi à l'avance le partage de la Pologne comme le but vers lequel tendaient l'Autriche, la Prusse et la Russie, et de marquer la véritable politique de la France, qui devait être si fatalement oubliée sous le règne de Louis XV.

— Je ne puis, reprit le vieux diplomate, suivre avec le même détail la guerre diplomatique et les opérations militaires qui aboutirent au traité d'Aix-la-Chapelle, cela nous entraînerait trop loin. Je me contenterai donc d'ajouter quelques mots à ce que j'ai dit sur les événements qui précédèrent et préparèrent le traité d'Aix-la-Chapelle. Les succès de Louis XIV, qui accablaient l'Espagne, commençaient à inquiéter vivement la Hollande et l'Angleterre. La première de ces puissances frappa à la porte de tous les cabinets pour préparer les bases d'une médiation armée qui pouvait devenir le point de départ d'une coalition européenne contre Louis XIV. Quoique les paroles des puissances médiatrices fussent courtoises et même pleines de déférence pour le grand roi, il ne s'abusa pas sur leurs intentions. Il exprima d'une manière très précise ses prétentions, qui après ses grands succès étaient très modérées ; puis, par un coup de parti servi par son habile diplomatie, où de Lionne, le chevalier de Gremonville, jouaient un grand rôle, il réussit à détacher l'Empereur de cette coalition, en lui faisant signer un traité de partage éventuel de la monarchie espagnole.

La terreur qu'inspirait Louis XIV, les succès continuels de ses armées, l'état florissant de la France, et une influence habile exercée sur les négociateurs allemands, dont les intérêts étaient différents de ceux de leurs souverains, tandis que Louis XIV, qui représentait seul la France, ne pouvait avoir d'autres intérêts que ceux de son royaume, ce qu'il exprimait à sa manière en disant : « L'État, c'est moi », firent réussir cette tentative dont le succès paraissait d'abord impossible. Pendant que la Hollande, l'Angleterre et les autres membres de la prétendue médiation faisaient leurs préparatifs, Louis XIV jeta Condé à l'improviste sur la Franche-Comté, avec une armée rassemblée en secret, et, par la rapidité et l'étendue de ses succès, il réduisit l'Espagne à toute extrémité. Alors il fit dire aux puissances médiatrices tombées dans la stupeur qu'il était prêt à accorder à l'Espagne les conditions qu'il lui avait offertes au commencement de la guerre. Ce fut sous ces auspices que s'ouvrit le congrès d'Aix-la-Chapelle. »

Artillerie en 1671, régiment des Fusiliers du roi et Commissaire ordinaire d'artillerie. Par Auguste de Moltzheim (1870)

CHAPITRE V

Louis XIV : soucieux de l'honneur et de l'égalité

— Vous nous avez entraînés un peu loin, mon cher comte, dans l'histoire de la diplomatie du grand roi, dit la châtelaine ; et je craindrais que, si nos causeries s'arrêtaient aussi longtemps sur chaque question, la belle saison finît sans que nous ayons parcouru tout notre sujet
— J'avoue ma faute. S'il faut, pour la réparer me condamner au mutisme, je suis prêt.
— Nous perdrions tous à ce dévouement à la Décius, interrompit la jeune femme.
— Contentons-nous de marquer les points acquis au débat, continuai-je, et avançons. La causerie, au lieu de voler droit devant elle, comme l'aigle aux ailes étendues, voltige et butine les fleurs comme le papillon. Il faut donc nous attendre à trouver toutes les questions un peu mêlées. Nous avons d'abord constaté la grandeur intérieure que Louis XIV donna à la France lors de son avènement.
— Et l'infatuation personnelle qui en fut le résultat, s'écria le jeune républicain.
— Infatuation telle, ajouta le jeune catholique, qu'il se crut placé au-dessus de la règle des mœurs.
— Mais en même temps, repris-je, nous l'avons vu dérober à cette vie d'enivrement, de bals, de fêtes, six ou sept heures par jour pour les consacrer aux affaires de son royaume.
— Nous l'avons vu protéger le talent et la science, ajouta la jeune femme.
— Nous l'avons vu, à vingt-quatre ans, prendre d'une main ferme et sûre la direction des affaires de son royaume, dit le vieux diplomate.
— Rassasier de gloire le pays qui en est le plus affamé, dit à son tour la jeune femme.
— Et de la meilleure des gloires, fit observer la maîtresse de la maison, celle qui consiste à remplir les tâches nécessaires.
— Rien de plus vrai, reprit le diplomate. Il y avait à cette époque, en effet, des tâches nécessaires à remplir. Il fallait que la France fît avancer celles de ses frontières qui regardaient la Flandre, l'Allemagne et la Suisse, afin de se couvrir sur ces points. Ce fut cette tâche que Louis XIV remplit par ses premières guerres et par son premier traité. »

Je me hâtai de prendre mon rôle de *leader*, pour que notre causerie ne s'égarât pas en capricieux méandres comme elle l'avait fait les jours précédents.

« Nous avons déjà amené, m'écriai-je, notre jeune ami l'irréconciliable à reconnaître que Louis XIV était un roi patriote. Je voudrais faire quelque chose de plus en l'amenant à reconnaître que Louis XIV était un roi égalitaire. »

Le jeune républicain se renversa sur le dos de son fauteuil, ce qui était sa

Mazarin mourant présente Colbert à Louis XIV

manière d'exprimer son hilarité. Il se frotta les mains, et éclata de rire.

« Louis XIV partisan de l'égalité répétait-il d'une voix entrecoupée. Voilà qui est merveilleux ! Je connais dans l'histoire un des descendants de la branche cadette qui a pris ce sobriquet. Mais le chef de la branche aînée, l'orgueilleux potentat, le superbe monarque, le magnifique despote, égalitaire ! Allons donc, vous vous moquez de moi !

— Pas le moins du monde. Je vous le répète, Louis XIV fut ami de l'égalité.

— Il le fut même un peu trop, s'écria la jeune femme.

— Je suis de votre avis, dit notre présidente.

— Et moi aussi, murmura à demi-voix le diplomate.

— Vous voyez bien qu'il y a de l'écho, repris-je à mon tour. Et tenez, je vous le dis sincèrement, je ne sais pas si Louis XIV eût pu faire tout ce qu'il a fait en satisfaisant seulement la passion de la France pour la gloire, s'il n'avait pas satisfait une autre de nos passions nationales qui n'est guère moins puissante, et que nous trouvons partout mêlée au travail de notre histoire : l'amour de l'égalité.

— Je serais curieux, dit le jeune républicain, de voir comment vous vous y prendriez pour démontrer votre dire.

— Mon Dieu ! repris-je, ma tâche ne sera pas très difficile, je m'appuierai sur les faits. Vous ne refuserez pas d'abord de reconnaître que la France chemine poussée par ces deux grands mobiles qui impriment l'impulsion à tout dans notre pays : l'amour de la gloire et celui de l'égalité. La liberté ne vient que plus tard, et, quand elle paraît, elle dure peu. Le plus souvent elle laisse la royauté remplir sa tâche, qui est de fonder la grandeur extérieure du pays par la guerre et par la politique, de défendre et de faire triompher à l'intérieur contre les privilèges le principe d'égalité. C'est là le secret de la force de Louis XIV. Il ne rencontra pas d'obstacles, d'abord parce qu'il fut l'homme des tâches nécessaires, ensuite parce qu'il usa de sa toute-puissance pour conduire la société plus rapidement vers le but auquel elle aspirait. Ce fut pour cela que son siècle lui sacrifia jusqu'à la liberté.

— Ce sont là de pures théories, interrompit le jeune républicain, et je réclame des arguments plus décisifs.

— Augustin Thierry a été moins difficile que vous, répondit le jeune catholique, et il reconnaît dans son *Histoire du tiers état* les choses que vous niez.

— Louis Dunoyer, le publiciste libéral, le lui a reproché, quoiqu'il fût son ami, ajoutai-je.

— Allons aux preuves, dit le diplomate. N'était-ce pas déjà un grand pas fait dans ce sens que l'exaltation de la royauté élevée si haut par Louis XIV que tout, à côté d'elle, parut faible et petit. En se plaçant à une telle distance des classes privilégiées, il les rapprochait du niveau commun. Il n'y avait plus en France qu'un roi et des sujets, et, dans l'éloignement où il les tenait de sa grandeur, tous paraissaient égaux.

— Rien de plus vrai, ajouta le jeune catholique. Sans doute on peut dire qu'il y avait quelque chose de plus oriental qu'européen dans le rôle que Louis XIV assignait à la royauté. Dans ce prince, il y a de l'Auguste et du Constantin. Ce n'est pas en lui qu'il faut chercher le type du vrai roi de France, qui emprunte plutôt ses traits à saint Louis, à Louis XII, à Henri IV ; mais qui ne voit cependant que, si le principe de la liberté souffrait de cette puissance sans contrôle et de cette espèce d'apothéose que la royauté se décernait à elle-même en se plaçant à une hauteur où les regards arrivaient à peine, le principe d'égalité profitait de ce que toutes les prétentions subalternes étaient obligées de plier, et de ce que tous les privilèges se trouvaient abaissés devant cette volonté souveraine qui ne souffrait pas d'obstacles ?

— Oui, repris-je à mon tour, l'égalité devant la royauté était un acheminement vers l'égalité devant la loi, et cette confusion que Louis XIV établissait entre cette dernière et sa volonté servait de transition entre le passé et l'avenir. »

Le jeune républicain était devenu pensif.

« Il y a quelque chose de vrai dans ce que vous dites, murmura-t-il après un instant de silence. Il ne s'agissait plus que de tempérer par le contrôle national, ou plutôt de remplacer la puissance royale par la puissance nationale, pour arriver à la forme la plus parfaite de l'égalité.

— Il ne faut pas oublier, dit le diplomate, que, de toutes les volontés particulières et collectives qui existaient à cette époque, la volonté royale était à coup sûr la plus intéressée, la mieux disposée à faire triompher la vérité, la justice, à détruire partout les abus, enfin à défendre la faiblesse contre la force, les droits contre la violence.

— Je voudrais avoir la preuve de tout cela, interrompit encore une fois le jeune républicain.

— Elle est là sous ma main, dit notre présidente qui avait réuni, comme d'habitude, tous les livres qui pouvaient aider à notre causerie ; c'est une page des Mémoires écrits par Louis XIV pour le Dauphin son fils. La voici : « Le métier de roi est grand, noble et flatteur, quand on se sent digne de s'acquitter de toutes les choses auxquelles il engage. Quand on a l'État en vue, on travaille pour soi. Le bien de l'un fait la gloire de l'autre. Quand le premier est heureux, élevé et puissant, celui qui en est cause en est glorieux et, par conséquent, doit plus goûter que ses sujets, par rapport à lui et à eux, tout ce qu'il y a de plus agréable dans la vie. »

— Il faut convenir, interrompit vivement la jeune femme, que voilà un assez beau commentaire de cette parole si amèrement censurée : *L'État, c'est moi.*

— Nous ne rappelons pas ici les interrupteurs à l'ordre, dit notre présidente mais je prie notre jeune amie de me laisser terminer la citation des Mémoires du grand roi : « Chaque profession en son particulier, dit-il, contribue à sa manière au soutien de la monarchie, et chacune d'elles a ses fonctions dont les autres auraient bien de la peine à se passer. Le laboureur fournit par son travail la nourriture à ce grand corps ; l'artisan donne par son industrie toutes les choses qui servent à la commodité du public, et le marchand par ses soins assemble en mille endroits différents tout ce que le monde entier produit d'utile et d'agréable, pour le fournir à chaque particulier au moment où il en a besoin. Le financier, en recueillant les deniers publics, sert à la subsistance de l'État ; les juges, en faisant l'application des lois, entretiennent la sûreté parmi les hommes ; les ecclésiastiques, en instruisant les peuples à la religion, attirent les bénédictions du ciel et conservent le repos sur la terre. C'est pourquoi, bien loin de mépriser aucune de ces conditions, ou d'en élever une aux dépens des autres, nous devons prendre soin de les porter toutes, s'il se peut, à la perfection qui leur est convenable. Nous devons nous persuader fortement que nous n'avons point d'intérêt à favoriser l'une plus que l'autre, et que celle que nous voudrions gratifier avec injustice n'en aura pas plus de reconnaissance ni d'estime pour nous, pendant qu'à son occasion toutes les autres tomberont dans la plainte et le murmure ; en sorte que le moyen de régner à la fois dans le cœur de toutes, c'est d'être le juge incorruptible et le père de toutes. Si pourtant, malgré ces raisons, vous ne pouvez, mon fils, vous défendre de cette secrète inclination que les âmes généreuses ont presque toujours pour les armes et pour ceux qui suivent cette carrière, prenez garde surtout que cette bienveillance particulière ne vous porte jamais à tolérer leurs emportements, et faites que l'affection que vous avez pour eux paraisse à prendre soin de leur fortune plutôt qu'à laisser corrompre leurs mœurs. »

— Que dites-vous de cette théorie royale ? reprit le diplomate. Y a-t-il beaucoup de théories républicaines qui la vaillent ?

— J'avoue, dit le jeune républicain, qu'elle a de la sagesse et de la grandeur ; mais ce *moi haïssable*, ce *moi* de Louis XIV qui revient toujours, m'empêche d'en goûter toute la beauté.

— Prenez garde, reprit le jeune catholique, que l'égalité devant la loi est là tout entière, et qu'il suffit, pour l'établir, de substituer à l'arbitraire de la volonté humaine la garantie plus solide d'une législation indépendante des caprices du pouvoir et consentie par la société elle-même.

— Oui, je conviens de tout cela ; mais il n'en est pas moins vrai que Louis XIV ramène toujours tout à lui.

— Vous ne pouvez pas, fis-je observer, demander au pouvoir absolu de travailler contre lui-même ; Louis XIV établissait l'égalité entre tous, il restait seul au-dessus. Et ces pages de ses Mémoires n'étaient pas une lettre morte. On l'avait vu, dès les premières années de son règne, soumettre partout ceux qui s'étaient élevés au-dessus de la loi : les financiers, à l'exactitude, à la régularité, au respect des intérêts des contribuables dans la levée des impôts ; les militaires, à la discipline et à l'ordre ; les magistrats, à la bonne administration de la justice, ce premier besoin des peuples. On l'avait vu en même temps poursuivre partout l'arbitraire, en réglant par de grands codes toutes les matières : le commerce, l'industrie, les bois et forêts, les formalités judiciaires, de sorte qu'une influence unique, celle d'une règle constante dans tous les temps, égale partout et pour tous, remplaça les mille influences qui faisaient sentir leur tyrannie de détail, bien plus pesante que l'autorité absolue d'un seul, car plus il y a de despotes, moins il y a de liberté.

— Louis XIV, dit alors notre présidente, fit quelque chose de plus encore. Aucun roi ne se montra plus appréciateur du mérite personnel, dans quelque classe qu'il se trouvât. Partout où le talent se manifestait, il lui tendait la main. Colbert, qui occupa une si grande place dans son règne, était le fils d'un marchand de draps de Reims.

— Ne fut-ce pas lui aussi qui nomma chef d'escadre Jean Bart et l'anoblit, Jean Bart, le fils d'un simple pêcheur ? On sait comment il sut venger Molière des dédains de ses gentilshommes et avec quelle bonté il traita Boileau et Racine.

— Catinat, qui arriva à la fortune la plus haute, ajouta le jeune catholique, sortait du barreau.

— Duguay-Trouin, qui commanda si glorieusement les escadres de la France, était le fils d'un simple armateur, fit observer la jeune femme. »

Jean Bart à la cour

Ici, l'ancien diplomate reprit la parole, et, après un moment d'hésitation :

« Je ne voudrais pas, dit-il, m'associer aux méchancetés du duc de Saint-Simon ; mais peut-être Louis XIV montra-t-il trop d'inclination à n'employer dans les affaires que des hommes appartenant aux classes moyennes de la société, surtout à cette bourgeoisie qui alimentait le parlement. Cela remontait aux souvenirs de sa jeunesse, humiliée par les grands seigneurs de la Fronde. Il réservait la noblesse pour la décoration de sa cour et pour les brillants hasards du champ de bataille, où elle était admirable et où les corps d'élite dont elle remplissait les cadres décidaient si souvent la victoire par ces charges terribles dans lesquelles de braves gentilshommes apportaient l'impétuosité et l'héroïsme de leurs ancêtres de Poitiers et d'Azincourt, mais une impétuosité et un héroïsme réglés par la discipline moderne et dirigés par la tactique. Quant aux affaires, il avait quelque répugnance à les placer dans leurs mains, et il s'entourait d'hommes qui, par leur naissance, devaient être plus dépendants et n'étaient pas en position de se servir jamais contre la royauté de la connaissance des affaires de l'État et du crédit qu'ils acquéraient dans le gouvernement de leur administration.

— Louis XIV alla plus loin encore dans ce sens et fit plus pour satisfaire cet esprit d'égalité qui est une de nos passions nationales, dit la châtelaine. Vous vous souvenez de la manière dont il accueillit la satire de Boileau sur la *Noblesse*, dédiée par le poète au marquis de Dangeau. Le noble marquis s'était un moment éloigné des tables où l'on jouait, pour écouter dans l'embrasure d'une croisée les vers du poète satirique. Louis XIV, qui le suivait de l'œil, fit un signe et demanda ce qu'on lisait devant le marquis. On lui répondit que c'étaient de nouveaux vers de Boileau. Alors il ordonna qu'on le fît approcher et voulut les entendre de sa bouche. Que dites-vous des vers suivants lus par le satirique dans le palais du roi, devant le roi lui-même et les plus grands seigneurs de son royaume, dans un temps où il y avait en France un ordre de noblesse ?

> Savez-vous pour la gloire oublier le repos,
> Et dormir en plein champ le harnais sur le dos ?
> Je vous connais pour noble à ces illustres marques.
> Alors soyez issu des plus fameux monarques,
> Venez de mille aïeux, et, si ce n'est assez,
> Feuilletez à loisir tous les siècles passés :
> Voyez de quel guerrier il vous plaît de descendre,
> Choisissez, de César, d'Achille ou d'Alexandre.
> En vain un faux censeur voudrait vous démentir,
> Et, si vous n'en sortez, vous en devez sortir.
> Mais fussiez-vous issu d'Hercule en droite ligne,
> Si vous ne faites voir qu'une bassesse indigne,
> Ce long amas d'aïeux que vous diffamez tous,
> Sont autant de témoins qui parlent contre vous ;
> Et tout ce grand éclat de leur gloire ternie
> Ne sert plus que de jour à votre ignominie.
>
> Que maudit soit le jour où cette vanité
> Vint ici de nos mœurs souiller la pureté !
> Dans les temps bienheureux du monde en son enfance,
> Chacun mettait sa gloire en sa seule innocence ;
> Chacun vivait content, et, sous d'égales lois,
> Le mérite y faisait la noblesse et les rois ;
> Et sans chercher l'appui d'une naissance illustre,
> Un héros, de soi-même, empruntait tout son lustre.
> Mais enfin par le temps le mérite avili
> Vit l'honneur en roture et le vice anobli ;
> Et l'orgueil, d'un faux titre appuyant sa faiblesse,
> Maîtrisa les humains sous le nom de noblesse.
>
> Bientôt pour subsister, la noblesse sans bien
> Trouva l'art d'emprunter, et de ne rendre rien ;
> Et, bravant des sergents la timide cohorte,
> Laissa le créancier se morfondre à la porte.
> Mais, pour comble, à la fin, le marquis en prison,
> Sous le faix des procès, vit tomber sa maison.
> Alors le noble altier, pressé de l'indigence,

> Humblement du faquin rechercha l'alliance ;
> Avec lui trafiquant d'un nom si précieux,
> Par un lâche contrat vendit tous ses aïeux ;
> Et, corrigeant ainsi la fortune ennemie,
> Rétablit son honneur à force d'infamie.

Le jeune républicain salua de ses applaudissements les derniers vers.

« Ma foi, dit-il, je ne me serais jamais attendu à m'entendre si bien avec Louis XIV. Le despote avait du bon.

— Remarquez, dis-je, que Molière, pour lequel Louis XIV marqua tant de goût, ne fut pas un moins énergique censeur des vices et des ridicules de la noblesse.

— Dans les comédies mêmes où Molière semble attaquer la bourgeoisie, comme dans *le Bourgeois gentilhomme* ou dans *Georges Dandin*, fit observer la châtelaine, il y a des traits de la plus grande force contre les vices et les ridicules de la noblesse du temps. Monsieur et madame de Sottenville, nobles campagnards, et leur fille Angélique, ne sont pas peints d'une manière plus flattée que le paysan enrichi qui n'a pas eu assez de bon sens pour s'allier en bonne et franche paysannerie, et le comte Dorante et la marquise Dorimène, ces intrigants titrés qui exploitent la crédulité et la bourse d'un bourgeois vaniteux, voient leurs vices plus sévèrement burinés que les travers de M. Jourdain.

— L'égalité de toutes les classes devant la satire et devant la comédie, poursuivit le diplomate, c'est-à-dire devant la forme littéraire de l'opinion, trouva donc faveur chez Louis XIV, comme l'égalité de toutes les classes devant la protection et la répression des lois, c'est-à-dire dans la vie réelle. »

J'allais conclure, lorsque la jeune femme m'arrêta :

« Ne croyez-vous pas, dit-elle, qu'en faisant trop contre les classes élevées, en arrachant les grands seigneurs et les grandes dames à leurs châteaux, en leur ôtant ainsi toute influence locale, Louis XIV dépassa la mesure, et qu'il enleva à la liberté politique ce qu'il donna à l'égalité ?

— Grave question, reprit le diplomate, qu'on ne peut traiter en un jour et qui, d'ailleurs, ne rentre pas dans le cadre de notre causerie. Les esprits les plus éclairés ont hésité en présence de ce problème, et je vous renvoie, pour le résoudre, à deux discours prononcés pendant la Restauration à la Chambre des pairs, l'un par le duc de Broglie et l'autre par le comte de Montalembert, dans la loi dite des *successions*.

— Entre les deux avis, pour lequel penchez-vous ? demanda la jeune femme.

— Pour celui du comte de Montalembert, dit à demi-voix le diplomate.

— Cette question incidente, fis-je observer, ne doit pas nous empêcher de conclure, et je conclus en disant que Louis XIV, qui fit tant pour la grandeur et la gloire de la France, fit presque autant pour le principe d'égalité. »

Jacques-Bénigne Bossuet (1627-1704)

CHAPITRE VI

Louis XIV met son règne au service des talents français

— J'ai un scrupule, dit le jeune irréconciliable, et je dois vous le soumettre.
— Quel est ce scrupule ? demanda la jeune femme. Vous repentiriez-vous déjà d'avoir admiré Louis XIV, comme roi victorieux, fondant sur des bases presque inébranlables la puissance territoriale de la France, et, comme roi absolu, préparant par sa politique intérieure cette égalité qui vous est si chère ?
— Non, dit le jeune républicain.
— Vos amis, reprit la jeune femme, vous ont-ils invité à vous défier désormais de votre premier mouvement, parce qu'il est le bon, comme le disait M. de Talleyrand ?
— Non, encore une fois. Mais une thèse que j'ai entendu souvent développer, et qui, je le crois, a été reproduite dans plusieurs livres, m'est revenue à la mémoire. D'après cette thèse, Louis XIV n'est qu'une superfétation dans son époque. Certes, ce n'est pas lui qui a créé les grands hommes dont il était entouré. Il n'a pas plus donné le génie militaire à Condé, à Turenne, à Vendôme, à Catinat, qu'il n'a donné le génie financier à Colbert et le génie littéraire à Bossuet, à Racine, à Boileau. La seule peine qu'il se soit donnée, c'est celle de naître. Sa naissance opportune a été tout son mérite. Il est venu au milieu du grand siècle qui s'ébranlait pour marcher à sa destinée. Le char portant un roi de plus ou de moins ne pèse pas grand-chose, et Louis XIV est arrivé à l'immortalité avec les bagages.
— Oui, dit la maîtresse de la maison, j'ai entendu développer ce paradoxe. Mais il est si peu sensé et si peu soutenable, que je croyais qu'on l'avait retiré de la circulation.
— Remarquez, dit le diplomate, que Louis XIV n'est pas mené dans le char, comme vous voulez bien le dire, mais que c'est lui qui le mène. Vous n'avez pas oublié, j'imagine, sa première parole quand, après la mort de Mazarin, on lui demanda à qui l'on s'adresserait désormais pour les affaires : *A moi !* répondit ce roi de vingt-cinq ans. Un courtisan qui était là se pencha vers son voisin et lui dit : *Cela durera deux jours*. Cela dura jusqu'à la mort de Louis XIV, c'est-à-dire cinquante-quatre ans.
— C'est M. Sue, repris-je, qui en dernier lieu s'est approprié ce paradoxe

étrange. Le romancier faisait l'honneur à Louis XIV de le regarder comme un ennemi personnel. L'auteur des *Mystères de Paris* et du *Juif errant* aurait volontiers dit : *Je trouverai donc toujours cet homme-là sur mon chemin !* Il faut avoir étudié l'histoire dans les romans de cet auteur pour ignorer que Louis XIV donna à son époque précisément ce qui lui manquait : l'unité de sa volonté pour cadre, et la direction. La France, avant lui, ressemble à un orchestre dont aucun instrument n'est à sa place et où chaque musicien joue de son côté son air.

Quand il arrive, tout se réorganise et commence à se mouvoir avec ensemble : les dissonances cessent, l'harmonie se fait. Il n'a pas créé Colbert, c'est très vrai, mais il l'a appelé, il l'a soutenu. Ce n'est pas lui qui a fait M. de Lionne, le chevalier de Gremonville et tous ces grands diplomates qui ont porté si haut le renom de la diplomatie française, mais il les a choisis, et, vous ne l'avez pas oublié, c'est lui qui n'a cessé de leur donner des instructions. Vous avez cité Turenne et le grand Condé, mais où était le grand Condé lorsque Louis XIV prit en main les affaires ? Il n'était pas en France ; il était encore rebelle, il était en Espagne. Jamais il ne se serait incliné, c'est-à-dire humilié devant le cardinal de Mazarin ; il put s'incliner sans s'humilier devant le grand roi.

— Vous avouerez aussi, dit la maîtresse de la maison, que c'est une étrange chose que d'accuser Louis XIV d'avoir été un souverain absolu, qui voulait que tout pliât sous sa volonté, que tout se mût à sa voix, et de l'accuser en même temps de n'avoir été pour rien dans les événements de son siècle. Quoi ! tout se faisait par lui, et cependant tout se serait fait sans lui !

— Il est vrai, reprit le jeune républicain, que cette thèse n'est guère soutenable ; pourtant souvent elle a été bien soutenue.

— Savez-vous pourquoi ? dit le jeune catholique. C'est qu'on a voulu réduire une question d'histoire et de bon sens à une question de date. Il est très vrai que la plupart de ceux qui contribuèrent à jeter tant de gloire sur le grand siècle avaient précédé de plusieurs années Louis XIV dans la vie ; mais il n'est pas moins vrai que, si Louis XIV ne créa pas leur talent, il lui ouvrit la carrière, comme on l'a dit, et le régla.

— Et rien de plus facile à comprendre que ce changement, ajouta le diplomate. Avant Louis XIV, on avait vu le règne de deux premiers ministres. Devant cette toute-puissance ministérielle, il n'y avait que deux situations possibles : la servitude ou la révolte. Les caractères dont la fierté ne pouvait pas se plier à la domesticité ministérielle, se jetaient dans la révolte. Quand Louis XIV eut déclaré sa résolution de régner, on put se soumettre sans honte, parce qu'une dépendance légitime remplaçait une sujétion humiliante. Le roi dans ce temps-là, c'était la patrie vivante.

— Bourdaloue, dans l'oraison funèbre du grand Condé, dit notre présidente, a parfaitement fait sentir cette vérité, en disant du héros dont il prononçait l'éloge : « Il fut alors convaincu qu'il y avait quelque chose de nouveau sous le soleil, et parce qu'il avait un cœur droit, il vit avec joie un plus fort que lui, selon les termes de l'Écriture, sur le théâtre du monde, obscurcissant tous les héros, et lui causant à lui-même de l'étonnement. »

— En résumé, dis-je, en prenant sa place, Louis XIV mit chacun à la sienne.

— Il me semble que voilà le mot vrai, reprit le jeune républicain.

— Nous n'avons pas encore dit un seul mot, ajouta la jeune femme, des avantages personnels qui, réunis dans la personne de Louis XIV, rehaussaient le prestige du roi par le prestige de l'homme et augmentaient son ascendant, qu'on a essayé de nier. Tous ses contemporains, même ceux qui l'ont dénigré, en ont été frappés et en ont parlé. Cet idéal que Balzac avait peint dans le livre qu'il a intitulé *le Prince* et qu'il avait, mal à propos, voulu trouver dans Louis XIII, Louis XIV le réalisa.

La Bruyère a dit de lui qu'il avait un air d'empire et d'autorité qui, même sous le masque, le faisait reconnaître entre ses courtisans les mieux faits. Choisy a parlé dans ses Mémoires de son visage qui « remplissait la curiosité des peuples », et Saint-Simon, qui ne l'aimait guère, tout le monde le sait, n'en affirme pas moins que sa taille, son port, sa beauté et sa grande mine, et jusqu'au son de sa voix, l'adresse et la grâce majestueuse et naturelle de sa personne, le firent distinguer jusqu'à sa mort, comme le roi des abeilles. Le même écrivain ajoute que tout dans ce prince, tout jusqu'au moindre geste, était mesuré, décent, noble, grand, majestueux et toutefois très naturel.

— Voilà pour l'homme extérieur, l'homme physique, dit le jeune républicain. Mais l'homme intérieur, l'homme intellectuel ?

— Les suffrages, répliqua notre hôtesse, ne sont ni moins nombreux, ni moins unanimes. Bossuet dit de lui : « On était frappé tout d'abord de la justesse de ses paroles, image de la justesse qui régnait dans ses pensées. » Massillon a ajouté : « On recueillait ses paroles comme les maximes de la sagesse. » Saint-Simon, de son côté, constate que jamais homme ne fut si naturellement poli, et d'une politesse si fort mesurée, si fort par degrés, et qui distinguât mieux dans ses réponses l'art, le mérite et le rang. Molière l'appelle un roi judicieux ; Massillon rappelle que c'était un maître humain, facile, bienfaisant, affable, ayant un fonds d'honneur, de droiture, de probité, de vérité. Saint-Simon, que j'aime surtout à citer, rappelle ces audiences où il écoutait avec patience, avec bonté, avec envie de s'éclairer et de s'instruire : « On y découvrait, continue-t-il, un esprit d'équité, et le désir de connaître la vérité, quoique en colère quelquefois, et cela jusqu'à la fin de sa vie. »

— Voilà des qualités morales, interrompit encore le jeune républicain, mais des qualités héroïques.

— Je ne vous citerai qu'un témoignage, lui répondis-je, et ce sera encore celui de Saint-Simon. C'est lui en effet qui parle « de la fermeté du grand roi dans les malheurs de toute sorte qui accablèrent le dernier tiers de son règne ; de sa tranquille confiance dans les derniers jours de sa vie ; de cette égalité d'âme qui fut toujours à l'épreuve de la plus légère impatience ; de cette gravité et de cette majesté qui l'accompagna jusqu'au dernier moment ; de ce naturel qui y surnagea avec un air de vérité et de simplicité qui bannirent jusqu'au plus léger soupçon de représentation et de comédie. »

— Voilà bien des témoignages en effet, dit le jeune républicain.

— Et remarquez, reprit le diplomate, que ce sont les témoignages des contemporains de Louis XIV, des hommes les plus illustres de ce temps, de ceux qui, d'après l'hypothèse que vous nous avez exposée, auraient fait la gloire du grand règne indépendamment du grand roi et sans lui.

— Croyez-vous, reprit le jeune catholique, que tous ces illustres esprits aient conspiré ensemble pour nous tromper ? Ferez-vous de ces témoignages universels rendus à Louis XIV par ceux qui l'ont le mieux connu une conspiration de flatterie ? Quand Bossuet s'écriait : « Je ne brigue point de faveurs, je ne fais point ma cour dans la chaire, à Dieu ne plaise ! je suis Français et chrétien ; je sens le bonheur public, et je décharge mon cœur devant Dieu ! » croyez-vous que Bossuet fût un flatteur ?

Louis Bourdaloue (1632-1704)

— Non, non, dit la châtelaine, cela n'est pas admissible. Dieu avait fait le grand siècle pour le grand roi, et le grand roi pour le grand siècle. Au moment où tout était prêt pour que la France arrivât au plus haut degré de prospérité où elle soit parvenue, la Providence voulut que le roi fût au niveau du rôle que la royauté avait à remplir.

Le cachet de sa grandeur, de sa majesté et de sa régularité se retrouve partout : dans sa politique, dans les institutions dont il dota la France, dans les bâtiments qu'il fit construire, je veux surtout parler de Versailles, cette conquête du génie humain sur le désert. On le rencontre de même dans la littérature. Bossuet et Racine lui durent en partie les hautes notions de la grandeur royale qui sont un des ornements de leurs ouvrages, et certes on ne dira pas que le génie de Louis XIV n'ait point inspiré au grand orateur de la chaire ce passage de l'oraison funèbre de Marie-Thérèse : « Sous lui la France a appris à se connaître, elle se trouve des forces que les siècles précédents ne savaient pas. Les politiques ne se mêlent plus de deviner ses desseins. Quand il marche, tout se croit également menacé. Qui veut entendre combien la raison préside dans les conseils de ce prince n'a qu'à prêter l'oreille, quand il lui plaît d'en expliquer les motifs ; la noblesse de ses expressions vient de celle de ses sentiments, et ses paroles précises sont l'image de la justesse qui règne dans ses pensées. Pendant qu'il parle avec tant de force, une douceur surprenante lui ouvre les cœurs et donne, je ne sais comment, un nouvel éclat à sa majesté qu'elle tempère. »

— Mais la chaire était-elle bien libre sous Louis XIV ? demanda le jeune républicain.

— S'il était permis, répondis-je, de rapprocher deux choses si dissemblables, je dirais que la même liberté existait pour la chaire et pour le théâtre. Vous savez ce que fit Louis XIV pour Molière, il le soutint en toute occasion ; s'il ne lui donna pas son génie, il lui donna la société réglée, tranquille, où les caractères avaient leur jeu naturel, et que le grand comique peignit d'une manière si admirable dans son théâtre. Il le protégea, quand il le fallut, contre ses adversaires. On se souvient qu'il le fit dîner à sa table et lui servit une aile de son en-cas de nuit, un jour que ses officiers avaient repoussé Molière comme n'étant pas d'assez bonne compagnie pour eux. Il fit jouer *Tartuffe*, malgré la cabale qui protestait contre cette pièce, et témoigna par là que, sincèrement religieux comme il l'était, il ne craignait pas la satire de l'hypocrisie. Un jour, le duc de la Feuillade, qui avait cru se reconnaître dans la *Critique de l'École des femmes*, meurtrit contre les boutons de son habit le noble visage de Molière, qui se baissait pour le saluer. Le roi adressa à la Feuillade des paroles si sévères, qu'elles ressemblaient à une disgrâce. Enfin il tint sur les fonts du baptême le premier enfant de Molière.

— Quant à la chaire, reprit le jeune catholique, pour réconcilier notre ami avec Louis XIV, il suffira de lui rappeler que trois prédicateurs surtout se succédèrent devant le grand roi : Bossuet, Bourdaloue et Massillon. Certes, ils rendirent justice aux belles actions de son règne, mais aucun des trois n'épargna ses vices. Bossuet lui parla de ses liaisons coupables avec une liberté épiscopale que le roi lui-même avait encouragée, car il comprenait, avec cette justesse d'esprit que tout le monde lui a reconnue dans son temps, qu'il fallait que chacun fît son devoir.

Quant à Bourdaloue, notre ami n'a pas sans doute oublié le passage d'une lettre de madame de Sévigné sur un discours prononcé devant le roi par cet éloquent sermonnaire : « Nous entendîmes, après dîner, le sermon de Bourdaloue, qui frappe toujours comme un sourd, disant des vérités à bride abattue, parlant à tort et à travers contre l'adultère ; sauve qui peut il va toujours son chemin. »

Enfin vient Massillon. On connaît les paroles que Louis XIV lui-même lui adressa après la prédication du premier Avent, en 1699 : « Mon père, j'ai entendu plusieurs grands orateurs dans ma chapelle, et j'en ai été fort content ; pour vous, toutes les fois que je vous ai entendu, j'ai été très mécontent de moi-même. »

— Il faut conclure, dit la maîtresse de la maison, et clore l'incident qu'a introduit notre jeune ami dans le débat ; je conclurai par les paroles d'un des historiens modernes de la *Littérature française*, M. Nisard : « Le titre de *Siècle de Louis XIV* ne s'est pas glissé dans la langue générale par hasard, ni sur la seule foi de Voltaire, qui l'a mis en tête de son histoire du règne de Louis XIV. Le même Voltaire a dit : *Le siècle de Louis XV*. Cette qualification n'a point prévalu. Pourquoi dit-on *le siècle de Louis XIV* ? Parce que le roi conduit le siècle. Pourquoi dit-on, lorsque Louis XV règne : *Le dix-huitième siècle* ? Parce que le siècle efface le roi. Ne changeons rien à ces dénominations populaires, et quand nous voyons les plus grands esprits de cette époque fameuse, lesquels en étaient aussi les plus honnêtes gens, rivaliser à qui fera de Louis XIV les peintures les plus ressemblantes, et ceux qu'il négligeait lui donner les mêmes louanges que ceux qu'il favorisait, tenons leur témoignage unanime pour la vérité. »

TABLE DES MATIÈRES

Chapitre I
XVIIe siècle : un désir de monarchie absolue 9

Chapitre II
Idées reçues regardant l'absolutisme 13

Chapitre III
Florissement des arts et des sciences, suprématie de notre diplomatie ... 21

Chapitre IV
Louis XIV : stratège militaire hors pair 29

Chapitre V
Louis XIV : soucieux de l'honneur et de l'égalité 33

Chapitre VI
Louis XIV met son règne au service des talents français 41

BIBLIOGRAPHIE

La Semaine des familles,
publication dirigée par Alfred Nettement de 1858 à 1869

Erreurs et mensonges historiques - Tome 7 (édition de 1878),
par Charles Barthélemy

Dépot légal : décembre 2015
ISBN 978-2-36722-017-8

www.ingramcontent.com/pod-product-compliance
Lightning Source LLC
Chambersburg PA
CBHW020024050426
42450CB00005B/629